ज़िंदगी गुलज़ार है

काव्य संग्रह

डॉ. सोनिया गुप्ता

समर्पित

जीवन के अनुभवों को

क्रम-सूची

क्रम-सूची

क्रम-सूची

प्रस्तावना

मेरा पहला काव्य संग्रह

❧ ❧ ❧

'ज़िंदगी गुलज़ार है' मेरा पहला काव्य संग्रह, ज़िंदगी से जुड़ी विभिन्न कृतियों का एक दर्पण है । यह ज़िंदगी एक जीता जागता अनमोल तोहफ़ा है उस ईश्वर का । ज़िंदगी एक नदिया की तरह बहती है, जिसका कोई अंत नहीं शायद । विराम लगता है तो केवल मृत्यु आने पर । परन्तु एक नई ज़िंदगी फिर से शुरू हो जाती है । सुख और दुःख इसके दो पहिये हैं, जिनके बिना यह अधूरी है । उतार चढ़ाव तो ज़िंदगी का एक हिस्सा हैं । यह ज़िंदगी बहुत कुछ सुनाती है, सिखाती है, दर्शाती है, पर जैसी भी है, ज़िंदगी ही कहलाती है । यदि इंसान इस ज़िंदगी के हर पल को सहर्ष स्वीकार करे, तो यह ज़िंदगी खुद ही उसको अपना लेती है ।

हमें इससे शिकायत भी होती है, पर खुशियों के रंग भी यह ही भरती है । मेरी खुद की ज़िंदगी में इतने उतार चढ़ाव आए, पर मैंने महसूस किया है कि ज़िंदगी के अंधियार के पीछे भी एक खूबसूरत चित्र छिपा होता है । मेरी ज़िंदगी के कुछ प्रतिकूल समय ने मुझे आज एक डॉक्टर होने के साथ साथ एक कवयित्री का दर्जा भी दिया । चित्रकारी, संगीत, सिलाई, बुनाई, का हुनर भी मैंने उसी समय में सीखा । हम सब को चाहिए कि उन चीज़ों को कोसने की बजाय जिनकी हमें कमी है, हमें उन सब को पा कर हर्षित होना चाहिए जो एक तोहफ़े के रूप में ऊपरवाले ने हमें दी हैं ।

इस काव्य संग्रह में मैनें अपने जीवन के अनुभवों को कविताओं का रूप देने की चेष्टा की है | आशा है कि यह काव्य संग्रह पढ़ कर श्रोताओं और पाठकों को आज की भागदौड़ भरी ज़िंदगी में कुछ सकूं के पल अवश्य मिलेंगे |

डॉ. सोनिया गुप्ता

भूमिका

गुलाब के पुष्पों सम महकती कविताएँ

ज़िंदगी की तुलना शायद एक "गुलाब के पुष्प" से बेहतर किसी और चीज़ से नहीं की जा सकती । गुलाब का पुष्प कीचड़ में खिलता है, काँटों के संग रहता है, पर फिर भी सब से सुंदर पुष्प कहलाता है । यह भी सत्य है कि उस पुष्प तक पहुंचने के लिए हमें उन काँटों से मिले घावों को भी सहना पड़ता है, जो इसके संग पनपते हैं, परन्तु फिर भी हम इसी गुलाब के पुष्प की सौन्दर्यता को पाने के लिए लालायित रहते हैं । इसी प्रकार यह ज़िंदगी है, इसमें थोड़े ग़म हैं, थोड़ी कड़वाहट है, कुछ अंधेरों के पल भी आते हैं, पर फिर भी यह खूबसूरत है ।

डॉ. सोनिया गुप्ता, हिंदी साहित्य जगत में उभरी हुई, होनहार आवाज़, अपना पहला व्यक्तिगत हिंदी काव्य संग्रह, "ज़िंदगी गुलज़ार है" लेकर आई हैं, जो एक अनमोल मोती की तरह ज़िंदगी के उन पलों में पिरोया जा सकता है, जब इन्सान निराशा के अंधेरों में खो रहा हो ।

"ज़िंदगी गुलज़ार है" उन कविताओं का संग्रह है जो ज़िंदगी की विभिन्न कृतियों को दर्शाती हैं । यह ज़िंदगी उतार चढ़ावों का एक मिश्रण है, ज़िंदगी बहुत कुछ सुनाती है, सिखाती है, पर जैसी भी है, ज़िंदगी ही कहलाती है । यदि ज़िंदगी के हर पहलू के पीछे छिपी सुन्दरता को निहारने की कोशिश की जाए तो अवश्य महसूस होगा कि यह ज़िंदगी कितनी खूबसूरत है । और फिर देखना सच में लगेगा कि हाँ यह ज़िंदगी गुलज़ार है, जैसा कि पहली ही कविता की पंक्तियाँ बोलती हैं...

"ये ज़िंदगी कहीं भी ले जाए,
बस इसको जीना सीख लो,
हर लम्हा इस ज़िंदगी का,
अपने में होता ख़ास है,
थोड़े गम हैं इसमें बेशक,
पर थोड़ी खुशियाँ भी हैं,
ज़िंदगी तो बस ज़िंदगी है,
ये ज़िंदगी गुलज़ार है"

इस संग्रह की कुछ चुनिन्दा पंक्तियाँ यथा :

"ज़िंदगी सिर्फ़ सफ़र नहीं, एक इम्तिहान है,
हर मोड़ पर यहाँ आता, एक नया तूफ़ान है,
कभी निराशा का होता तिमिर,
कभी पतझड़ होती है निर्झर,
कभी ग़मों का बहता सागर,
जीवन न एक समान है"

"जीवन जीना एक कला है ,
सीखो कैसे जीना इसको,
जोकर बनकर हँसते रहना,
कैसे हँसवाना दूजों को"

"ख़ुद में ही गुनगुनाती है ये सृष्टि,

खुद ही मुस्कुराती है ये प्रकृति,

फिर कहते हैं लोग कि क्या है ये ज़िंदगी,

अरे ये तो है इक खूबसूरत रचना उस ख़ुदा की"

❧❧❧

"कैसे तू हर घड़ी बस चलती ही रहे,

कैसे रहकर तू चुप सब कुछ है कहे,

ये हुनर जो तेरा, दे मुझे भी सिखा"

❧❧❧

"हर इक पल को खुल के जी लो,

कल किसने देखा है यारों,

नन्हीं नन्हीं ख़ुशी सँजो लो,

ख़ुशियों के पल मिलें हज़ारों"

❧❧❧

"शिकायतें थोड़ी ज़रूर रही ज़िंदगी से मुझे,

पर इन्हीं शिकायतों ने मुझे जीना सिखा दिया,

चलते चलते कदम लड़खड़ाये ज़रूर थे मेरे,

पर उन्हीं कदमों ने मुझे गिर कर उठना सिखा दिया"

❧❧❧

"दो शब्द, 'आज' और 'कल' के दरमयां,

लिखी हुई है ज़िंदगी के सफ़र की दास्ताँ,

आज तो बस एक है, जो हाथ में पल,

दो वज़ूद, दो अर्थ, रखता है यह कल"

❧❧❧

"जीवन इक गहरा सागर है,
जिसका कोई भी अंत नहीं,
भेद गहन से इस सागर का,
जान सका कोई संत नहीं"

❧❧❧❧

"क्या लाल, हरा, क्या है नीला?
क्या है काला, क्या है पीला?
बस इक रंग में रंग जाओ,
रंग कहाता 'मानवता' का"

❧❧❧❧

"मैंने तेरी बनाई हर चीज़ को बदलते देखा है,
पर हैरान होते हैं सब देख कर,
कि इनकी दुआओं के सामने तो सब ने,
तुझको भी झुकते देखा है"

❧❧❧❧

डॉ. सोनिया की रचनाओं की सबसे विशेष बात है, इनके द्वारा पिरोये सरल और कोमल शब्द, जो हरेक पढ़ने वाले के हृदय को अंतर्मन तक छू जाते हैं और एक सुंदर चित्रण के रूप में उभर के आते हैं । अपने स्वयं के कठोर अनुभवों को अपनी कलम से तराश कर इन्होंने पाठकों के लिए एक ऐसे संग्रह की रचना की है जो हारे हुए, उखड़े हृदयों के लिए अवश्य एक राहत की किरण बनकर प्रज्वल्लित होगा । मुझे पूर्ण विश्वास है कि इस संग्रह को पढ़ने के बाद हम खुद ही गुनगुनाएंगे कि यह ज़िंदगी गुलज़ार है, गुलज़ार है ।

आईये हम सब इस काव्य संग्रह को अपने हाथों में ग्रहण कर, इसमें छिपी सौन्दर्यता का अवलोकन करें । कवयित्री "डॉ. सोनिया" के इस प्रयास और सफलता के लिए मैं इन्हें हार्दिक शुभकामनाएं देता हूँ । ईश्वर इनकी हर कोशिश को इसी प्रकार सफलतापूर्वक सम्पूर्ण करे ।

ययाती मदन गांधी
(फाउंडर, प्रेजिडेंट, दी पोइट्री सोसाइटी ऑफ़ इंडिया, गुरुग्राम)

आभार

'आभार' एक छोटा सा शब्द है, परन्तु इसका अर्थ बहुत गहरा है । कहते हैं कि यदि हम किसी का आभार व्यक्त करते हैं, तो हम ईश्वर के समक्ष ही अपनी भावना प्रकट करते हैं ।

सबसे प्रथम, मैं उस परम् पिता परमात्मा का आभार व्यक्त करती हूँ, जिसने मनुष्य जीवन देकर मुझे इस हुनर से नवाज़ा, जो शायद उसी का दिलाया एक अनुपम तोहफ़ा है । माँ सरस्वती की अपार कृपा मुझपर रही, जिन्होंने मेरे साधारण से शब्दों को एक भाव रुपि माला में पिरो दिया ।

माता पिता इस जगत में ईश्वर के समान पूजनीय होते हैं । मैं सौभाग्यशाली हूँ, जो मुझे ऐसे माता पिता मिले जिन्होंने मेरे हर ख़्वाब को साकार करने में मेरा साथ दिया । उनकी सिखाई हर सीख आज भी एक दीपक के सम मेरे जीवन में प्रज्वलित रहती है । आप दोनों को मेरा कोटि कोटि नमन ।

कहते हैं शिक्षक माँ बाप और ईश्वर, दोनों के समान होता है । एक शिक्षक कोयले को तराश कर हीरे जैसे अनमोल रत्न को उत्पादित करता है । मेरे जीवन में हर एक उपलब्धि के पीछे मेरे शिक्षकों का आशीष रहा है । मैं उन सभी शिक्षकों का आभार व्यक्त करती हूँ, जिन्होंने मुझे जीवन की हर छोटी बड़ी सीख दिलाई । मैं उन सभी गुरुजनों की भी हार्दिक आभारी हूँ, जिन्होंने मुझे काव्य की विधाओं में शिक्षित किया और बिना किसी स्वार्थ के मुझे इतना कुछ सिखाया, जो शायद इस नाचीज़ के लिए सम्भव नहीं था ।

हार्दिक आभार आदरणीय सर मदन गांधी जी, आदरणीया श्रीमती सुषमा देवयानी जी, आदरणीय शशिकांत जी, और ईशान जी, जिन्होंने मेरी पुस्तक के प्रकाशन में सम्पूर्ण सहयोग दिया । आदरणीय मदन गांधी जी का पुन: आभार मेरी इस पुस्तक के लिए प्राक्कथन लिखने हेतु ।

मुझे ईश्वर ने ऐसे दो भाई दिए, जिन्होंने हर मोड़ पर मेरा प्रोत्साहन किया । उनको तहे दिल से स्नेह और शुक्रिया ।

'दोस्त' जीवन का एक अहम हिस्सा होते हैं जो खून के रिश्तों से भी बढ़कर साथ देते हैं । मैं अपने उन सभी साथियों का आभार व्यक्त करती हूँ जिन्होंने मेरे इस काव्य संग्रह को पूर्ण करते समय मेरा होंसला बढ़ाया ।

मेरे शब्द कम पड़ेंगे उनका आभार प्रकट करने को जिनके द्वारा मेरा यह काव्य संग्रह प्रकाशित होने जा रहा है; "नोशन प्रैस, भारत" ।

अंत में मैं उन सभी का आभार प्रकट करती हूँ जिन्होंने प्रत्यक्ष और अप्रत्यक्ष रूप से मेरा प्रोत्साहन किया ।

डॉ. सोनिया गुप्ता

कवयित्री का परिचय

डॉ. सोनिया, चंडीगढ़ के समीप शहर, डेरा बस्सी की रहने वाली हैं । इन्होंने बी.डी.एस.,ऍम.डी.एस. की डिग्री हासिल की है। एक दंत चिकित्सक होने के साथ साथ लिखना इनका शौक है । 2006 में इन्होंने पहली बार कलम उठाई कुछ लिखने की कोशिश में और इनका यह सफ़र चलता ही रहा । इनकी रचनाएँ कई पत्रिकाओं, समाचार पत्रों, और साँझा काव्य संग्रहों में प्रकाशित हैं । डॉ. सोनिया हिंदी, अंग्रेजी और पंजाबी भाषाओं में निपुण हैं । इनकी अंग्रेजी की रचनाओं को 50 से भी अधिक साँझा काव्य संग्रहों में स्थान मिला । 'ज़िंदगी गुलज़ार है' इनका लिखा प्रथम व्यक्तिगत हिंदी काव्य संग्रह है ।

मेडिकल फील्ड की व्यस्तता के बाद भी, ये काव्य को अपना समय देती हैं । इन्होंने छंद, दोहे, गीत, ग़ज़ल, गीतिका, मुक्तक, गद्य, पद्य आदि अनेकों काव्य विधाओं को फेस बुक के मंचों के माध्यम से सीखा और बहुत कम समय में काव्य जगत में एक पहचान बनाई। इन्हें हिंदी साहित्य में अनेकों पुरस्कारों से नवाज़ा गया है, जिनमें शामिल हैं: नारी गौरव सम्मान (जे ऍम डी प्रकाशन, दिल्ली), प्रेम सागर सम्मान (जे ऍम डी प्रकाशन, दिल्ली), साहित्य गौरव सम्मान (युवा उत्कर्ष साहित्य मंच, दिल्ली), हिंदी गौरव सम्मान (युवा उत्कर्ष साहित्य मंच, दिल्ली), एवम युग सुरभि सम्मान (वॉयस प्रकाशन, जयपुर) । अंग्रेजी भाषा के साहित्य जगत में भी इनको बहुत सम्मान पत्र प्राप्त हुए हैं ।

ये चित्रकारी, संगीत, और सिलाई-बुनाई में भी रूचि रखती हैं । इनकी कई पेंटिंग्स को विभिन्न पत्रिकाओं के कवर पृष्ठ पर स्थान मिला । इन्होंने अपने अंग्रेजी के दो काव्य संग्रहों के कवर पृष्ठ भी स्वयं डिज़ाइन किये, जिनपर इन्हीं के द्वारा बनाई पेंटिंग्स हैं, और वो शीघ्र ही प्रकाशित होंगे ।

डॉ. सोनिया अपने हर कार्य को ईश्वर, माता पिता और शिक्षकों को समर्पित करती हैं । आधुनिक युग में रहकर भी इनकी भक्ति भाव में बहुत आस्था है । इनकी आने वाली पुस्तकों में प्रभु के भजनों का भी सम्मेलन नज़र आएगा । अपने कार्य के साथ साथ ये अपने काव्य जगत के सफ़र को भी सहश्र जारी रख रही हैं! इनके अपने दंत विभाग से जुड़े भी कई आलेख प्रकाशित हैं! "इरादे नेक हों तो सपने भी साकार होते हैं, अगर सच्ची लगन हो तो रास्ते भी आसान होते हैं" इनकी खुद की लिखी हुई इन पंक्तियों ने इनको हमेशा अपना लक्ष्य पूरा करने के लिए प्रेरित किया ।

❧❧❧

पता: #95/3,आदर्श नगर,डेरा बस्सी,जिला मोहाली- पंजाब-140507

मोबाइल: 6280420736, 8054951990

इ मेल:Sonia.4840@gmail.com

फेसबुक आई डी:100004964983747@facebook.com

फेसबुक पेज; https://www.facebook.com/sonia4840/

ब्लॉग :http://drsoniablogspot.blogspot.in/

यूट्यूब चैनल: https://www.youtube.com/channel/UCKF2jM5P8VDjZ9fBZLBTRHA

इंस्टाग्राम आई डी:https://instagram.com/gdrsonia?igshid=YmMyMTA2M2Y=

ज़िंदगी गुलज़ार है

काव्य संग्रह

डॉ. सोनिया गुप्ता

1. ज़िंदगी गुलज़ार है

ये ज़िंदगी कहीं भी ले जाए,
बस इसको जीना सीख लो,
हर लम्हा इस ज़िंदगी का,
अपने में होता ख़ास है,
थोड़े गम हैं इसमें बेशक,
पर थोड़ी खुशियाँ भी हैं,
ज़िंदगी तो बस ज़िंदगी है,
ये ज़िंदगी गुलज़ार है |

अकसर सोचते रहते हम सब,
आएगा कोई बड़ा सा पल,
जिसमें हम सब खोजेंगे,
खुशियां अपनी जी भर,
पर उस आने वाले पल को सोचे,
देते गँवा जो आज है पल,
क्या तुमको महसूस न होता,
सोच यह बेकार है ?

गुलाब के प्यारे पुष्प को देखो,
संग काँटों के मुस्काता है,
कीचड़ में रहकर भी श्वेत कमल,
हर पल ही खिलखिलाता है,
मछली बहती लहरों के बीच,
अपनी साँसें गिनती है,

इन सबकी नज़रों से देखो,
ज़िंदगी कितनी सदाबहार है |

नील गगन के पंछी कैसे,
अपनी ही धुन में उड़ते रहते,
पेड़, पौधे हर मौसम में भी,
शांत से यूँ ही जीते रहते,
फिर हम तो इक चलते इंसान,
क्यूँ खुद को हम यूँ ही कोसें ?
क्यूँ नहीं बस आज में जीते ?
किसका रहता इंतज़ार है ?

हम सबकी ज़िंदगी में,
ख़ुशी और गम के पल आते हैं,
ये दोनों तो इस जीवन के,
दो पहिये कहलाते हैं,
इन दोनों का साथ अनोखा,
आते हैं और जाते हैं,
रीत यही है इस जीवन की,
करना इसको स्वीकार है |

अब भी समझ जाओ इंसान,
छोड़ दो होना यूँ ही परेशान,
रब ने दिया जीवन तोहफ़ा,
मानुष चोला ख़ास है होता,
किसने देखी उमर ज़िंदगी की?
किसको ख़बर अपने मरने की?
मौत आ भी गयी एक दिन तो,
न ख़त्म होता संसार है |

इसलिए कहे है 'सोनिया',
जी लो, जो भी पल है यहां,
छोड़ दो सारे मन के शिकवे,
न रखो तुम आस किसी से,
जीवन न मिलता दोबारा,
इस पर है अधिकार तुम्हारा,
सत्य एक ही बात है बंदे,
ये ज़िंदगी उपहार है |

2. ये ज़िंदगी है क्या

ये ज़िंदगी है क्या ?
क्या कोई आज तक समझ सका ?
कहाँ से शुरू और कहाँ पर ख़त्म?
है क्या कोई इसका पता ?

इसे सफ़र कहें क्या ?
जहां बस चलते जाना है,
हर मोड़ पर मिल जाता,
एक मुसाफ़िर अनजाना है |

या फिर कहें इसे इक संघर्ष भरी राह,
जहां पूरी न हो सके हर इक चाह,
आसान नहीं सब कुछ करना हासिल,
मेहनत से ही मिलती है हर मंज़िल |

यूँ तो ज़िंदगी एक किताब भी लगती,
जिसके पन्ने कुछ नए, कुछ पुराने हैं,
पर कह देते बहुत से अफ़साने हैं,
अपने हर पन्ने में छिपाकर ये राज़ कई रखती |

ज़िंदगी एक पहेली है शायद,
जिसमें हैं कई सवाल और जवाब,
इनको सुलझाने में ही बस,
इंसान लगा रहता दिन रात |

डॉ. सोनिया गुप्ता

ये तो इक सुनहरा ख़्वाब भी है,
जो मौत आते ही टूट जाता है,
और इस ख़्वाब के ख़त्म होते ही,
सब कुछ बिखर सा जाता है |

है तो ये एक रंग मंच भी,
जहां हर कोई अपना किरदार निभाता है,
अपना रोल ख़त्म होते ही,
फिर पुरस्कार वो पाता है |

ज़िंदगी एक खेल का मैदान भी है,
जहां कोई हारता है, किसी की जीत,
कोई ऊँची उड़ान भरता है,
किसी को धरती भी नहीं होती नसीब |

पर वास्तव में ज़िंदगी एक इम्तिहान है,
हर कदम पर जहां होता इंसान परेशान है,
कब नयी परीक्षा आ जाये,
हर कोई इस से अनजान है |

चाहे कुछ भी कहो, जो भी कहो,
ज़िंदगी जीने का ही नाम है,
कितने ही हों मतलब इसके,
इसके भेदों का क्या गुणगान है |

3. ज़िंदगी एक इम्तिहान

ज़िंदगी सिर्फ़ सफ़र नहीं, एक इम्तिहान है,
हर मोड़ पर यहाँ आता, एक नया तूफ़ान है,
कभी निराशा का होता तिमिर,
कभी पतझड़ होती है निझर,
कभी ग़मों का बहता सागर,
जीवन न एक समान है |

यह निर्भर है इंसान पर,
कि उसकी मंज़िल है क्या ?
क्या अंधेरों से गुज़रकर,
पतझड़ के पत्तों को संवार कर,
वो पहुंचेगा उस मंज़िल पर,
जहाँ जाना नहीं आसान है |

सफ़र तो हर कोई कर लेता है तय,
पर यह निर्णय तो लेना हमने ही,
कि कैसे काटेंगे यह सफ़र,
रोकर या फिर हँसी ख़ुशी,
चाहे कैसी भी हो डगर,
आशियाँ तो अपना ये जहान है |

यह एक ऐसा सफ़र है जो,
एक दिन तो ख़त्म होगा ही,
फिर क्यों न कुछ ऐसा कर जाएँ,

डॉ. सोनिया गुप्ता

जो सबको एक सबक देगा ही,
मर कर भी धूल में,
रहता पग का निशान है |

संसार हमेशा याद करे, ऐसा मुकाम करो हासिल,
इरादे नेक हो तो खुद ही मिल जाएगी मंज़िल,
अगर डगमगाए तो कोई बात कहाँ,
फिर याद आएगा कि हाँ सच ही है,
ज़िंदगी सिर्फ़ एक सफ़र नहीं,
एक इम्तिहान है, इम्तिहान है |

4. जीवन जीना एक कला है

जीवन जीना एक कला है ,
सीखो कैसे जीना इसको,
जोकर बनकर हँसते रहना,
कैसे हँसवाना दूजों को |

कैसे दिल में जगह बनानी,
कैसे अपनाना गैरों को,
कैसे अपनी रीत निभानी,
संग चलाना है यारों को |

कैसे इसके सुर तालों पर,
मधुरिम गीतों को गाना है,
चाहे कोई साज नहीं है,
फिर भी बस गाते जाना है |

कैसे कच्चे धागों के सम,
रिश्तों की इक डोर बँधाना,
रूठ अगर जाए जो कोई,
फिर से जाकर उसे मनाना |

कैसे हारे हारे जीतो,
अपनी सूझ बूझ अपनाकर,
कैसे होगी सफ़ल कहानी,
अच्छा सा किरदार निभाकर |

डॉ. सोनिया गुप्ता

जीने की है कला अनोखी,
सीख सको तो सीखो प्राणी,
स्वर्णिम अक्षर में लिख डालो,
मानुष अपनी स्वयं कहानी |

5. सुन ऐ ज़िंदगी

सुन ऐ ज़िंदगी, तू मेरी सहेली बन जा,
अब खुद ही तू अपनी पहेली सुलझा ।

जग से मैनें याराना बहुत कर लिया,
पर सभी ने मुझे बस दग़ा है दिया,
अब तो तुझपे ही बस है भरोसा बचा ।

मन ये विचलित मेरा, करता बातें कई,
कुछ पुरानी सी यादें, कुछ उम्मीदें नई,
आके तू ही मेरे इस मन को समझा ।

कैसे तू हर घड़ी बस चलती ही रहे,
कैसे रहकर तू चुप सब कुछ है कहे,
ये हुनर जो तेरा, दे मुझे भी सिखा ।

मुस्कुराती कभी, रूठ जाती कभी,
गुनगुनाती कभी, तू इतराती कभी,
सीखी तूने कहाँ से ये ऐसी अदा ?

सूनी बग़िया मेरी, है नहीं कोई फूल,
देख राहों में मेरी, बिछे केवल शूल,
अपने गुल से तू मेरा गुलशन सजा ।

मैंने कोशिश बहुत की, तुझे ढूँढ लूँ,
पाके तुझको मैं अपने नयन मूँद लूँ,
पर मिला ही नहीं मुझको तेरा पता |

बातें बाकी बहुत, करनी तुझसे मुझे,
बस इक बार आके तू मिल ले मुझे,
मैं खड़ी ताक में, देर अब न लगा |

6. ज़िंदगी की खूबसूरती

कौन कहता है कि,
ये ज़िंदगी खूबसूरत नहीं,
ज़रा ग़ौर से देखोगे तो पाओगे कि,
इस से खूबसूरत कोई और नहीं ।

हवाओं की सनसनाहट,
पंछियों की चहचहाहट,
समंदर की लहरों का शोर,
सावन में नृत्य करते हुए मोर ।

चाँद की बिखेरी हुई चाँदनी रात,
टिमटिमाते हुए तारों भरा आकाश,
खिलखिलाते हुए सुन्दर से फूल,
वो उड़ती हुई रास्ते की धूल ।

नदियों के बहते पानी की कलकल,
बदलते मौसम की अनोखी सी हलचल,
ऊँचे ऊँचे पर्वतों की चोटियाँ,
नन्हीं सी उड़ती हुई तितलियाँ ।

आग सा भरा इक ज्वालामुखी,
आकाश में गूँजती वो बिजली,
वनों में घूमते जीव व जानवर,
सा, रे, गा, मा, पा, के स्वर ।

डॉ. सोनिया गुप्ता

कीचड़ से भरा होता किनारा,
पर संग कमल के लगता है न्यारा,
आश्रम में देखो ऋषि मुनियों के यज्ञ,
मंदिर, मस्जिद, गुरूद्वारे, गिरिजाघर |

खुद में ही गुनगुनाती है ये सृष्टि,
खुद ही मुस्कुराती है ये प्रकृति,
फिर कहते हैं लोग कि क्या है ये ज़िंदगी,
अरे ये तो है इक ख़ूबसूरत रचना उस ख़ुदा की |

7. हँसते हँसते

छोटा सा है अपना जीवन,
हँसते हँसते इसे बिता लो,
जो भी तुमको ये देता है ,
हँसी ख़ुशी वो गले लगा लो |

हर इक पल को खुल के जी लो,
कल किसने देखा है यारों,
नन्हीं नन्हीं ख़ुशी सँजो लो,
ख़ुशियों के पल मिलें हज़ारों |

ग़म भी आएं, हँसते जाना,
माथे पर हो कोई न शिकन,
चाहे कैसा पल हो मुश्किल,
हँसने का ही तुम करो जतन |

देखो उन कोमल पुष्पों को,
संग शूल के हँसते रहते,
मिट्टी के दामन में खिलते,
फिर भी हँसकर सब कुछ सहते |

बीच पंक के कमल रहे है,
मधुरिम सा यह खिलता रहता,
सहरा के अंगारे सहँकर,
कैक्टस भी इक गुल सा हँसता |

चाहे भीषण गर्मी आए,
या फिर आ जाए शीत लहर,
हँसते हँसते ही सहते हैं,
सब पेड़, पौधे, सागर, नहर |

तुम तो हो इक चलते इंसां,
फिर इतना क्यूँ घबराते हो,
हँसते हँसते जीना जीवन,
यह बात भूल क्यों जाते हो ?

पंख पसारे उड़ लो जी भर,
जैसे उड़ते पंछी नभ में,
भूले सारी गम की घड़ियां,
हँसते हँसते जी लो जग में |

8. तूने क्या सिखा दिया

शिकायतें थोड़ी ज़रूर रही ज़िंदगी से मुझे,
पर इन्हीं शिकायतों ने मुझे जीना सिखा दिया,
चलते चलते कदम लड़खड़ाये ज़रूर थे मेरे,
पर उन्हीं कदमों ने मुझे गिर कर उठना सिखा दिया |

धूप में झंझोर कर खुद को, पता लगा छाँव का नाम,
आँधियों से गुज़रकर, मालूम हुआ कैसे मिलता मुकाम,
काँटों का रास्ता भी अपनाया, अपने लक्ष्य के लिए,
महसूस हुआ आनंद, पुष्पों के गुलिस्तां का कैसे मिले |

अनकही सी कई बातें सुनी अपनों से,
दग़ा भी मुझको मिला अपने सपनों से,
नहीं था साथ किसी का, न ही कोई सहारा,
प्रतिकूल परिस्थितियों में रहना सिखा गया वो वक्त सारा |

कहते हैं जब तक न लगे ठोकर, इंसान सम्भलता नहीं,
जब तक न मिले दुःख, सुख का महत्व पता चलता नहीं,
शिकायत रहती थी ज़िंदगी से कि मिलता क्यों आराम नहीं,
पर सीखा ये कि जुटे रहो, जब तक मिलता अंज़ाम नहीं |

आज मंज़िल भी पास है, पूरी हुई हर आस है,
भय नहीं किसी बात का, मन में ढृढ़ विश्वास है,
शिकायतें दूर सब हो गई, एक नया एहसास है,
ज़िंदगी कठिन ज़रूर है, पर बन सकती खास है |

डॉ. सोनिया गुप्ता

बातों ही बातों में क्या क्या बता दिया,
अपने हर रंग में ढला दिया,
वाह रे ज़िंदगी बड़ी कमाल है तू,
तूने क्या क्या सिखा दिया |

9. आज और कल

दो शब्द, 'आज'और 'कल'के दरमयां,
लिखी हुई है ज़िंदगी के सफ़र की दास्ताँ,
आज तो बस एक है, जो हाथ में पल,
दो वजूद, दो अर्थ, रखता है यह कल ।

बीते हुए लम्हे, बन जाते हैं गुज़रा कल,
संजोये सपने, बन जाते आने वाला कल,
एक अतीत है गुज़रा हुआ कल हमारा,
आने वाला कल है उम्मीद का इशारा ।

पश्चाताप बन जाता है बीता हुआ कल,
सुधार बनकर आता है आने वाला कल,
वाकिफ़ होते हैं हम गुज़रे हुए कल से,
नहीं जानते फ़लसफ़े आने वाले कल के ।

बीते कल में नजाने कितने थे ग़म और ख़ुशी,
आने वाला कल क्या लाए, पता नहीं,
सबक सिखलाती, बीते कल की गलतियाँ,
अनकही सी हैं आने वाले कल की बतियाँ ।

बहती सरिता जैसे समन्दर में जा मिले,
हर इक बीता पल कल में जा मिले ,
अंतस की गहराईयों सा है होता यह कल,
चाहे हो बीता हुआ, या आने वाला पल ।

ज़िंदगी गुज़र जाती है, इसी आज कल में,
बात बनती बिगड़ जाती है आज कल में,
ज़िंदगी का जाल बुनते हैं ये आज कल,
एक है आज, दोहरा अर्थ रखता है कल |

क्या तुम्हें नहीं लगता ये बेकार का जाल है,
ये आज और कल का किस्सा कमाल है,
क्यों न अगर सिर्फ़ 'आज' में ही जीएं सब,
'कल' तो फिर शायद रहे ही न शब्द |

10. आरज़ू का घर

ज़िंदगी ये केवल 'आरज़ू' का घर है,
आरज़ू में गुज़रे साँसों भरा सफ़र है |

जन्म लेते ही पनपती मन में आरज़ू,
बाल बोले ज़रा सी कर लूँ मैं गुफ़्तगू,
देख लूँ रंग मैं भी ज़माने के यहाँ,
बोल दूँ जुबाँ से इक बार मैं भी माँ |

जब शिशू वो बने, फिर नयी आरज़ू,
जी करे चाँद तारों को जा के मैं छू लूँ,
कश्तियाँ पानी में खूब मैं तैराऊं,
खेलते मुस्कुराते ज़िंदगी बिताऊं |

फिर दिवस यौवन के भरते आरज़ू,
हमसफ़र इक हसीं पाने की जुस्तजू,
हाथ में हाथ लेकर मैं चलूँ सदा,
आशियाँ इक बनाऊं प्यार से सजा |

मात पित जब बनें, और इक आरज़ू,
जान निज संतान पर सोचें वार दूँ,
ख़्वाब नैनों में उनके ही सजा रखते,
बस उन्हीं में ये ज़िंदगी हैं तकते |

बुढ़ापे में रहे है एक ही आरज़ू,
बस सुनें इक उन्हीं की बेटे और बहू,
राम का नाम रटते रहें रात दिन,
चाहते हैं जल्द प्राण जाएँ ये छिन |

खेल ये देख लो आरज़ू का अज़ब,
है कशिश आरज़ू की बड़ी ही गज़ब,
जब तलक साँस ये चल रही साँस में,
आरज़ू संग है, हर कदम साथ में |

11. ये ज़िंदगी तुम्हारी

ये ज़िंदगी तुम्हारी,
तुमको ही है बनानी,
कोई बोले कुछ भी,
तुमने ही है बितानी |

लोगों का क्या वो तो,
झूठा बनते सहारा,
बस आस एक केवल,
खुद से ही है लगानी |

आएँ कितने रस्ते,
इस ज़िंदगी में चलते,
निर्णय तुमने लेना ,
राह कौन सी सुहानी |

सब हाथ में तुम्हारे,
क्या क्या करो प्रयत्न तुम,
कायर बैठे रहना,
या है हिम्मत दिखानी |

ये ज़िंदगी अज़ब है,
कांटें भी, फूल भी हैं,
देखो तुमने किससे
यहाँ सेज है सजानी |

शख़्स ऐसे मिलेंगे,
गुमराह तुम्हें करेंगे,
परखना ये तुम्हीं ने
सच कौन सा है प्राणी |

संघर्ष ज़िंदगी का,
होता कभी ख़त्म नहीं ,
ये तो हुनर तुम्हारा,
कैसे है जीत पानी |

कुछ काम करो ऐसा,
जग याद तुम्हें ये रखे,
खुद हाथ से लिखो तुम ,
अपनी स्वर्णिम कहानी |

ये ज़िंदगी मिली है,
तुम्हें उस परमेश्वर से
है ये तुमपर निर्भर,
किस ओर लेकर जानी |

12. यह जीवन है

यह जीवन है, चलना होगा,
आगे हमको बढ़ना होगा |

बाधाएं आ जाएँ कितनी,
उनसे हमें गुजरना होगा |

पानी चाहो गर तुम मंजिल,
मन में धीरज धरना होगा |

रौशन जो करना है जीवन,
दीये के सम जलना होगा |

निश्छलता मन में अपनाकर,
झूठ कपट को तजना होगा |

प्रेम किसी का पाना हो तो,
पहले अर्पण करना होगा |

जीवन है दो पल की बेला,
हमको भेद समझना होगा |

13. जीवन यह मौसम जैसा

मौसम हर कोई आता है,
पर कुछ ना कुछ सिखलाता है |

गर्मी की तपती रुत आए,
तन ज्वाला सम तपता जाए,
फिर भी जीना ही पड़ता है,
यह ग्रीष्म काल बतलाता है |

ठिठुरी सर्द लहर जब आती,
कंपित यह सृष्टि हो जाती,
चलते रहते हैं फिर भी सब,
कोई कार्य रुक न पाता है |

रिम झिम रिम झिम बरखा आए,
धरती सारी झूमे गाए,
जीवन के दुख की बेला में,
सावन मधु राग सुनाता है |

पतझड़ की रुत जब भी आती,
सारी कलियाँ मुरझा जाती,
फिर भी जीती रहती कुदरत,
सूखा निर्झर मुस्काता है |

बासंती मौसम जब आए,
मुरझाई पतझड़ खिल जाए,
अपने रंगों से बासंती ,
मधु रस जग में बरसाता है |

हर मौसम अपने में अद्भुत,
भाती है सबको ही हर रुत,
सबका है अंदाज़ अनोखा,
इसका हर रंग लुभाता है |

सीख सिखाये ये जीने की,
हँसते हँसते गम पीने की,
जीवन अपना मौसम जैसा,
हंसाता कभी रुलाता है |

14. अनोखा सफ़र

है अनोखा बड़ा ज़िंदगी का सफ़र,
जाने कैसी बनी ज़िंदगी की डगर,
काफ़िला भीड़ का रोज़ चलता यहाँ,
शख़्स हर इक तन्हा लगे है मगर |

दर्द के बोझ में जी रहे हैं सभी,
चेहरों पर हंसी, आती पर नज़र,
रंग कितने बिखेरे है ये ज़िंदगी,
सब रहें इसके रंगों से पर बेखबर |

जो गुज़र जाता पल, लौट आता नहीं,
कारवाँ याद का संग चलता इधर,
शान झूठी लिए जी रहे हैं सभी,
पर नशा झूठ का पल में जाता उतर |

ये ज़रुरी नहीं के गुलिस्ताँ ही हो,
राह में इसकी मिलते कभी पत्थर,
कौन अपना यहाँ, है कठिन ढूंढना,
मीत अपने ही छलते यहाँ अकसर |

नफ़रतों से भरे इस जहाँ में सभी,
खोजते प्रेम का वो मधुर आखर,
है परेशां यहाँ, हर इक जीव ही,
हो वो मानुष भले, या हो फिर जानवर |

साँस थम जाएगी, धड़कनें भी रुकें,
ज़िंदगी है किराये का बस एक घर,
छोड़कर तो सभी एक दिन जाएंगे,
उड़ चलेंगे सभी मौत के ओढ़ फ़र ।

15. ज़िंदगी ऐसे जीयो

इक पुष्प बन कर जीयो,
जिसकी ख़ुशबू सब को इक मुस्कान दे |

इक पंछी की तरह जीयो,
जिसकी चहचहाहट सब को इक पैगाम दे |

इक पेड़ की तरह जीयो,
जिसकी शीतल छाया सब को इक आराम दे |

इक नदी की धारा बनकर जीयो,
जिसकी बहती सरिता मन को सुकूँ दे |

इक मेघ की बूँद बनकर जीयो,
जिसकी झन झन मन को मोहित करे |

इक सूरज की किरण बन कर जीयो,
जिसका प्रकाश सबको उतेजित करे |

इक चाँद की चाँदनी बन कर जीयो,
जिसकी आभा हृदय में नेह भर दे |

इक साज की तान बन कर जीयो,
जिसकी धुन में सब ग़म कहीं खो जाएँ |

इक मोर की तरह जीयो,
जिसके नृत्य से धरती भी स्वर्ग बन जाए |

ख़ुदा ने भेजा है इंसान बना कर तुम्हें,
ऐसा इंसान बन कर जीयो, जिसे देख ख़ुदा भी मुस्कुराए |

16. गहरा सागर

जीवन इक गहरा सागर है,
जिसका कोई भी अंत नहीं,
भेद गहन से इस सागर का,
जान सका कोई संत नहीं ।

ज्यूँ सागर में उठती लहरें,
यूँ जीवन की हैं बाधाएं,
केवल ये निर्भर है हम पर,
कैसे हम उनको सुलझाएं ।

इक ही सागर में मिलते हैं,
जैसे मोती कंकर दोनों,
ऐसे ही यारों जीवन में ,
आते रहते सुख सुख दोनों ।

नीर भले सागर का खारा,
जीवों को पर लगता मीठा,
ऐसे ही जीवन यह न्यारा
थोड़ा खारा, फिर भी मीठा ।

ज्यूँ सागर की बहती धारा,
चुप रहकर भी है मुस्काती,
ऐसे ही जीवन की बेला,
बिन बोले ये हँसती जाती ।

देखो ज्यूँ रेत समंदर का ,
इन हाथों से फिसला जाए,
ऐसे ही हर पल जीवन का,
यूँ मुट्ठी से निकला जाए |

सूरज की उजली सी किरणें,
सागर को स्वर्णिम करती हैं,
यूँ ही अंतर्मन की आभा,
जीवन को रोशन करती है |

हर इक मौसम में भी जैसे,
सागर यह बहता ही जाए,
हालात भले आ जाएं कैसे,
जीवन ये चलता ही जाए |

सागर का जो बिगड़े सँतुलन,
क्रोध दिखाए ये सृष्टि पर,
ऐसे ही जो बिगड़े जीवन,
टूट पड़े बन विपदा हम पर |

समझ सको तो सभी समझ लो ,
सार गहन अब भी जीवन का,
सागर से भी गहरा यारों,
अर्थ बड़ा है इस जीवन का |

17. पंछियों सा हो जीवन

इन पंछियों सा हो अपना ये जीवन,
ऊँची उड़ानें, न कोई बंधन,
फ़र फैलाए उड़ते ही जाएं,
घर अपना हो वो नीला गगन |

कलियों को छू लें, झूमें डाली पर,
जल में कभी, कभी हों थल पर
गाते जाएं, मधुरिम सी गुन गुन |

भेस अलग हो, अलग आकार,
हर इक मौसम को करें स्वीकार,
रंगो से रंगा हो अपना ये तन मन|

हिम्मत बँधाए चलते ही जाएं,
जब तक मंजिल को ना पाएं,
रोज नया ही करें हम यतन|

छल और कपट हमको करना न आए,
दिल में कटुरता न भर पाएं,
मासूम चेहरा हो, निष्पाप मन |

18. इंद्रधनुषी जीवन

इस जीवन के रंग अनोखे ,
ज्यूँ सात रंग हैं इंद्रधनुष के ।

कोई रंग लगे फीका सा,
दिल को नहीं किसी के भाता,
रंग लगे कोई मनभावन,
देख जिसे हर जन मुस्काता ।

रंग लगे कोई सादा सा,
मन में पर शीतलता भरता,
रंग लगे कोई गहरा सा ,
लेकिन हर इक दिल को खलता ।

रंग सात हैं बेशक इसके,
ये आपस में मिल जाते हैं ,
इक दूजे में सभी समाकर,
बस 'सतरंगी' बन जाते हैं ।

यूँ ही रंग बने जीवन के ,
अलग भाव होते हैं सबके ,
पर इन सबके मिश्रण को ही,
नाम सभी 'जीवन' हैं देते ।

डॉ. सोनिया गुप्ता

देखे ज्यूँ 'सतरंगी' नभ में,
मन सबका ही हर्षाता है,
ऐसे ही इन सब रंगों से,
जीवन सुखमय बन जाता है |

इन सतरंगी रंगों को तुम ,
जीवन में अपने लो उतार,
यही सत्य है इस जीवन का,
यही है इक जीवन आधार |

इन रंगों का जाल अनोखा,
ये खुद ही हमें फँसाता है,
मानव वो इसमें फँस जाता,
जो समझ न इसको पाता है |

क्या लाल, हरा, क्या है नीला?
क्या है काला, क्या है पीला?
बस इक रंग में रंग जाओ,
रंग कहाता 'मानवता' का |

19. ज़िंदगी एक मेला

ये ज़िंदगी एक मेला है,
मेला यह अति अलबेला है,
भीड़ बड़ी है इस मेले में,
फिर भी हर शख़्स अकेला है |

कभी यहाँ आए दीवाली,
कभी धूम होती होली की,
इक मेला जो ख़त्म हो चले
शुरू तैयारी हो दूजे की |

रंग अलग हैं, भेष अलग हैं,
अलग अलग दिखती पौशाकें,
भीड़ भरे से इस मेले में ,
सज धज कर ही सारे आते |

जीवन के रौनक मेले में,
दिखते सारे मुस्काते हैं,
पर सच्चाई तो केवल ये ,
नैनों से नीर बहाते हैं |

मेले में बिकती हैं चीजें,
पर यहाँ बिके प्रेम, ईमान,
बिकती हुई भावनाओं का,
मोल लगाता खुद इंसान |

डॉ. सोनिया गुप्ता

कैसा अजब दिखे ये मेला,
खेल ईश ने कैसा खेला,
मेला मेला करता रहता,
मानुष फिर भी रहे अकेला |

20. ताश के पत्तों का घर

ये ज़िंदगी है ताश के पत्तों का घर,
कभी बनता है, कभी जाता बिखर |

छोटे, बड़े ज्यूँ हों अंक ताश पर,
ऐसे ही जीवन के होते अवसर |

कोई राजाओं का राजा, कोई रानी,
कोई गुलामी में जीता है प्राणी |

मजबूत सी ईंटें, पान की पंखुड़ियाँ,
धड़कते दिल, उड़ती चिड़ियाँ |

हर कोई चाहे हुक्म चलाना,
दूजे के सपने बिखराना |

कोई जीते, कोई है हारे,
कभी डूबे, कभी वारे न्यारे |

पैसे की ख़ातिर लेते जोखिम,
एक ही पल में सब जाए छिन |

हार ज़ीत तो चलती रहती,
चाल नई फिर से मिल जाती |

ज़रा से झटके से गिरे ताश का घर,
इधर मानव गिराता लालच में आकर |

मुश्किल होता घर फिर से बनाना,
दीवारों की नींव सजाना |

ताश के पत्तों सी है ये ज़िंदगी,
पल में बिखर जाती ये ज़िंदगी |

21. ज़िंदगी एक गुलाब

तुमने देखा है न खिलता गुलाब ?
लगता है सबको बहुत लाज़वाब,
हर कोई पाने को रहता लालायित,
इस सुंदर से पुष्प का महका शबाब |

कितने ही हैं रंग इसके,
कभी लाल, कभी सफ़ेद,
कभी गुलाबी, कभी सतरंगी,
सबको भाता रंग हरेक |

कोई भी अवसर आ जाए,
कोई पर्व, त्यौहार आ जाए,
सबको चाह यही रहती है,
पुष्प लाक्षा का मिल जाए |

और कितनी अजब बात यह देखो,
काँटों में ये खिलता, पता सभी को,
फिर भी उसको पाने खातिर,
काँटों तक को छू लें सब देखो |

मिट्टी को भी सहलाते इसकी,
प्रेम से पकड़ें हर इक पंखुड़ी,
सब कुछ करते इसको पाने को,
चाहे हाथ मलिन करे मिट्टी |

ऐसे ही होता है यह जीवन,
पुष्प और काँटों का संगम,
सुख के पल हैं लाक्षा जैसे,
काँटों के सम होता है ग़म |

सुख के पल जो पाने हैं,
फिर काँटे भी अपनाने हैं,
जैसे लाक्षा की मिट्टी सुहाए,
यूँ जीवन के क्षण सुहाने हैं |

इन काँटों से गुज़रे ही,
मिल पाती है हर ख़ुशी,
पुष्प यदि पाना चाहो तो,
काँटे भी छू लो हँसी ख़ुशी |

फिर देखो जीवन कैसा होगा,
पुष्पों के सम महका होगा,
कँटक भी भायेंगे तुमको,
मन में भेद न कोई होगा |

22. अजब नज़ारे

ज़िंदगी के अजब हैं नज़ारे
मुश्किलें हर कदम पर हमारे |

पुष्प के संग काँटे भी इसमें
राह आसां नहीं है ये प्यारे |

होंसले खुद के ही तुम बनाना
ढूंढना मत किसी के सहारे |

देखना तुम कभी तम में जाकर
रात चलते अकेले सितारे |

नीर शीतल सा बहता अगर है
हैं दहकते हुए भी अंगारे |

जो तूफानों से डरते नहीं हैं
नाव को उनकी मिलते किनारे |

ज़िंदगी हर घड़ी आजमाती,
बस समझ लो करे जो इशारे |

23. ज़िंदगी एक नदिया

ज़िंदगी तू तो है एक नदिया,
जो इतनी तेजी से बहती है,
चलते ही रहना बस काम तेरा,
तू रूकती नहीं, बस बहती है ।

बहते तेरे इस जल में,
सब कुछ ही बह जाता है,
हर ख़ुशी, हर गम, हर लम्हा,
एहसास सिमट हर जाता है ।

मौसम आयें, ऋतुएँ छायें,
रंग अनेकों सब दिखलाएं,
पर तेरी बहती सरिता में,
सब के सब ही घुल मिल जाएं ।

कहीं शूल मिले, कहीं फूल खिले,
कहीं पात मिले, कहीं धूल उड़े,
पर सबने जाना तुझमें ही समा,
तुझमें ही कण कण है घुले ।

न दिन देखे, न देखे अँधेरा,
न रुकता बहना यह तेरा,
चाहे पल आ जाए कैसा,
न मिटता अस्तित्व तेरा ।

तू तो है इक नदी अनोखी,
जिसका न साहिल, न कश्ती,
मृत्यु आती, मिलता विराम,
फिर से पर तू रहती बहती ।

आओ सब इसमें मिल जाएं,
इस नदिया को हृदय लगाएं,
इस नदिया के बहते जल से,
मन को निर्मल स्वच्छ बनाएं ।

24. एक चीज़ न बदले कभी

मैंने ज़िंदगी को बदलते देखा है,
आगे ही आगे चलते देखा है |

बदल जाता है बचपन हमारा,
बदल जाता है संसार सारा,
बदल जाता है सोचने का नज़रिया,
बदल जाती है हर राह, हर डगरिया |

बदल जाता है वक़्त के साथ, साथ किसी का,
बदल जाता है बर्ताव हर किसी का,
बदल जाती है लिखी ज़ुबानी किताबों की,
बदल जाती है शानें नवाबों की |

बदल जाती है बहार हर बार आने के बाद,
बदल जाती है किसी की कही हुई हर बात,
बदल जाते हैं अंदाज़ खुशियां मनाने के,
बदल जाते हैं सब रंग इस ज़माने के |

पर फिर भी नहीं बदलती एक सौगात,
अपने माता पिता का साथ,
कितने भी हो जाएँ हम बड़े,
किसी भी मोड़ पर हम हों खड़े |

वो माँ की ममता, उसके आँचल की छाया,
बाबुल की उंगली, जिसको पकड़ के कदम बढ़ाया,
आज भी लोरी गा के सुलाती है माँ,
आज भी गुड़िया कह कर सहलाता है पिता |

धरती बदल जाये, आकाश बदल जाये,
इनकी छाया तले तो सब जन्नत मिल जाये,
आखिरी पल तक देते हैं ये साथ हमारा,
इनकी दुआ के बिना जीवन अधूरा है सारा |

कुछ लोग ऐसे भी होते हैं इस जहान में,
जिनको नहीं मिलता माता पिता का साया,
तब महसूस होता है कि हमने,
यहां आकर क्या खोया क्या पाया ?

ऐ ख़ुदा तू इतना मेहरबान रहना मुझपे,
हर पल दुआ में हो मेरी नाम बस इनके,
जब भी झुकाऊँ सर दर पे मैं तेरे,
समझ लेना सर झुका सम्मान में इनके |

मैंने तेरी बनाई हर चीज़ को बदलते देखा है,
पर हैरान होते हैं सब देख कर,
कि इनकी दुआओं के सामने तो सब ने,
तुझको भी झुकते देखा है |

25. ऐसे ज़िंदगी को जीयो

ऐसे ज़िंदगी को जीयो,
कि हर पल को खुल के जीयो,
उड़ान हो तो ऐसी कि,
पंछियों की तरह बस उड़ो |

चाहे हो दो पल की ये ज़िंदगी तुम्हारी,
समेट लो उन पलों की खुशियां सारी,
जब एहसास करो उन पलों का कभी,
लगे ऐसे के मानो जी ली तुमने ज़िंदगी सारी |

इस तरह मुस्कराओ कि बहार ही बहार नज़र आए हर ओर,
जब भी कोई देखे तुम्हें, देखता ही रहे बस तुम्हारी ओर,
मत करो किसी के आने का इंतज़ार,
बिन वज़ह मुस्कुराने को रहो तैयार |

खुली बाँहों को पसारे चल पड़ो राहों में ज़िंदगी की,
जब भी कदम बढ़ाओ आगे, मुड़कर न देखना पीछे कभी,
न फ़िक्र करो कि क्या लाएगा आने वाला वक़्त तुम्हारा,
बस आज जो पल मिला तुम्हें, वो पल है केवल तुम्हारा |

किसी के चेहरे पर मुस्कराहट का बनो तुम कारण,
किसी के दर्द को बाँट लो तुम बिना डाले शिकन,
जरा ध्यान से देखो बनाई दुनिया उस ख़ुदा की,
महसूस करोगे के उसने क्या खूबसूरत रचना की |

इतना ख़ुश रखो मन को अपने तुम हमेशा,
हर ग़म तुम्हारे पास आने से पहले डरे सदा,
जब हौंसले से सहोगे हर बाधा ज़िंदगी की,
खुशनुमां बन जाएगी ये ज़िंदगी खुद ही ।

इसलिए कहती हूँ कि जी लो हर पल को जो है तुम्हारा,
आज जो है पास, क्या पता आये न आये फिर दुबारा,
कहने को तो यह ज़िंदगी नाम है इक संघर्ष का,
पर जीना चाहोगे तो पाओगे इक अनमोल तोहफ़ा रब का ।

अमूल्य जीवन दिया ऊपरवाले ने, तो शुक्रिया कर के जीयो,
कुछ कर गुज़र जाने की इक कशिश भर के जीयो,
मिलती है यह ज़िंदगी सिर्फ एक बार,
जांबांज़, साहसी, निडर बन के जीयो ।

26. ज़िंदगी एक अजब कहानी

सुनी है मैंने एक कहानी,
खुद सुनाता है जो हर प्राणी,
यहाँ अपनी ही ज़ुबानी,
बड़ी विचित्र है ये कहानी |

तुमने सुनी होंगी कई कहानियाँ,
जिनकी होती हैं विशेष जुबानियाँ,
पर इस कहानी में तो ऐ दोस्त,
मिश्रित हैं अनेकों कहानियाँ |

कहाँ से शुरू हो, कहाँ ख़त्म,
न कोई समझ पाया इसको,
अंत हो भी जाये अगर,
फिर से आरम्भ मिल जाये इसको |

हर रंग है इसमें, हर रीत है इसमें,
सूनापन भी है, संगीत भी इसमें,
धूप भी खिलती, छांव भी मिलती,
इसमें तो है सब सम्मिलित |

एक ही कहानी के पात्र अनेक,
सबका होता किरदार विशेष,
किसी किसी की होती प्रशंसा,
किसी को देख हो मन को खेद |

नदिया भी इसमें, सागर भी इसमें,
कहीं गुलिस्तां, भूमि बंजर भी इसमें,
पतझड़ भी आती, बसंत भी लुभाती,
इस कहानी में हैं दीया और बाती ।

कभी सुख का हो अनुभव इसमें,
कभी दर्द दुःख का ही मिलता इसमें,
कभी कोई हो जाता है धनवान,
और कभी निर्धनता हो जाती प्रधान ।

कभी तो सूरज उगता नज़र आता,
कभी रात का अँधेरा है छाता,
कोई अपनाता बस सच को,
किसी को केवल झूठ लुभाता ।

कभी ये संघर्ष की ओर ले जाती,
कभी कल्पनाओं की दुनिया दिखाती,
क्या कहें इस कहानी को ?
नहीं किसी को समझ ये आती ।

बरसों गुज़र गये इसको सुनते सुनते,
पर ख़त्म न होते इसके किस्से,
कोई सुनाये ये अपनी ज़ुबानी,
दूजे की ज़ुबां कुछ और सुनाती ।

27. ज़िंदगी कुछ कहना चाहे

सुनो ज़िंदगी कुछ कहना चाहे,
हो सके तो इसे समझना |

सुख में तो हर कोई देता है साथ,
तुम दुःख में किसी का हाथ पकड़ना |

ख़ुशी में तो हर कोई मुस्कुराये,
तुम ग़म में भी आंसू न बहाना |

फूलों पर तो हर कोई है चलता,
तुम काँटों को भी दामन में भरना |

आशा में तो हर कोई ख़्वाब सजाता,
तुम निराशा में भी लक्ष्य तक पहुँचना |

सफ़लता को तो हर कोई अपनाये,
तुम असफ़ल होकर भी मत घबराना |

बसंत में तो हर कोई छू ले कलियाँ,
तुम पतझड़ के पत्तों को भी सराहना |

अच्छाई को तो हर कोई स्वीकारे,
तुम बुराई को भी हृदय लगाना |

झूठ बोलना तो हर कोई जाने,
तुम सच का साथ कभी न तजना |

किसी का बुरा तो हर कोई चाहे,
तुम भलाई से पीछे कभी न हटना |

धोखा देना तो हर कोई जाने,
तुम विश्वास की डोर कभी न तोड़ना |

ऐशोआराम तो हर कोई चाहे,
तुम मेहनत का हथियार कभी न छोड़ना |

खुद के लिए तो हर कोई जीता,
तुम औरों के लिए ही जीना |

ज़िंदगी और भी बहुत कुछ सुनाये,
पहले इतना ही समझना |

28. जीवन का पथ

जीवन का पथ आसान नहीं,
जीवन तो है इक घोर संघर्ष,
फूलों के साथ होते हैं काँटे भी,
ये केवल इक आशियाँ ही नहीं |

चिकनाहट नहीं है मखमली,
न ही आसान ढाल में पानी की तरह बहना,
ज्वालामुखी की तरह फट सकता है जीवन,
अगर बिगड़ जाता है संतुलन |

पग पग रखना पड़ता है सँभलकर,
ठोकर न लग जाये कहीं गिरकर,
मेहनत और साहस को अपनाकर ही,
इंसान कुछ सकता है कर |

पड़ता है खदेड़ना अपने अंतर्मन को,
इस जीवन की भागदौड़ में,
किसी मुकाम तक पहुंचना हो अगर,
भटकने नहीं देना है इस सचेत मन को |

सफ़ल वो ही है, जो संघर्ष से न घबराये,
हर मुश्किल से जूझ जाये,
एक कदम आगे रखे सदा,
जीवन को अपने हाथों से संवारे |

जीवन का संघर्ष चलता ही रहता,
हर पल पर इक संकट आये,
हँसते मुस्कराते आगे बढ़ जाओ,
हर मुश्किल खुद ही टल जाये ।

29. कुछ भी नहीं स्थाई

ज़िंदगी एक परिवर्तन है,
जिसके कई रंग रूप हैं |

कभी सुख की छाया है,
तो कभी गम के बादल भी हैं |

आज आशा साथ है,
तो कल निराशा पास है |

कभी सफ़लता कदम चूमती है,
कभी असफ़लता पास घूमती है |

फूलों की सेज पर चलते हैं कदम,
तो कभी काँटों से भरता दामन |

कभी धन दौलत का होता है नाम,
कभी गरीबी करती है जीना हराम |

कभी बसंत में खिल उठती हैं कलियाँ,
पतझड़ में बिखर जाती है बगिया |

कभी चिलमिलाता सूरज नज़र आता,
कभी चाँद चाँदनी बिखराता |

कभी काम का बोझा होता,
कभी आलस्य का हर पल होता ।

कभी भीड़ भरी हो राह,
कभी सिर्फ़ तन्हाई का क़ाफ़िला ।

कभी वक़्त होता है बलवान,
कभी बन सकता है हैवान ।

कितना कुछ है इस जीवन में,
कुछ भी नहीं स्थाई, बस परिवर्तन ही है इस जीवन में ।

30. ज़िंदगी एक बार मिलती है

ये ज़िंदगी एक बार मिलती है दोस्तों,
न गँवाओ बेकार में तुम इसको |

आये हैं यहां तो कुछ कर के जाओ,
क्यों इस जहान में आकर यूँ ही चले जाओ ?

ज़िंदगी का मतलब है जिन्दादिली,
हिम्मतों से गुज़ारों तुम ये ज़िंदगी |

क्यों गमों के ही आंसू सदा हैं बहाना ?
क्यों नहीं मुस्कुराकर ये जीवन बिताना ?

जाने फिर कब मिले ज़िंदगी ये तुम्हें,
जी लो हर पल जो भी मिला है तुम्हें |

कुछ ऐसा तो कर लो ज़िंदगी में ऐ दोस्त,
मिल जाये जिस से तुमको चैन औ संतोष |

सोना, खाना, पीना तो हर कोई कर ले,
पर बिन संघर्षों के जीवन भी नीरस लगे |

मुश्किलें ही न होंगी जो इस राह पर,
कैसे सीखेंगे बढ़ना उनसे जूझकर ?

कहने को तो ये ज़िंदगी बहुत बड़ी कहलाती है,
पर मौत कब आ जाये, ये किसी को न बतलाती है |

कुछ ऐसा कर जाओ ऐ बिरादर,
मौत के बाद भी नाम हो जाए अमर |

बिन्दास होकर जीयो इस ज़िंदगी को,
अपना लो इसकी हर रीत को |

ज़िंदगी का मतलब साकार करो,
ज़िंदगी को यूँ ही ना बेकार करो |

31. मैं जीना चाहता हूँ

मैं जीना चाहता हूँ ऐ ज़िंदगी,
मुझे कुछ पल उधार दे दे,
इस से पहले कि बंद हो जाएँ ये आँखें मेरी,
मुझे कुछ पल खास दे दे ।

अभी तो जी भर के देखी ही नहीं ये दुनिया मैंने,
अभी तो कई ख़्वाब हक़ीक़त में बदलने हैं मैंने,
कहने को तो ऐ ज़िंदगी होती है तू बहुत ही लम्बी,
पर चन्द लम्हों का ही मुझे एहसास दे दे ।

अभी कहाँ ख़त्म हुई है कहानी बहार की,
अभी तो उम्र बाकी है प्यार की,
भटकता रहा हूँ गैरों के बीच अक्सर,
मुझे कुछ पल अपनों के साथ दे ।

अभी तो मैं आकाश की उँचाईओं को छूना चाहता हूँ,
अभी तो मैं क्षितिज तक पहुँचना चाहता हूँ,
अभी तो खुद को भी नहीं पूरी तरह जाना मैंने,
मुझे खुद को पहचानने का आधार दे दे ।

सुना है बड़ा खूबसूरत होता है ये तेरा सफ़र,
खास होती है यहां हर राह, हर डगर,
कोई आ जाए बंद करने साँसों को मेरी,
इस से पहले मुझे इक राह दे दे ।

किसी को दे रखा है वादा मैंने तो सच्चा,
साथ निभाऊँगा आखिरी दम तक मैं उसका,
नहीं दे पाऊँ चाहे सारी खुशियां उसको,
पर चन्द यादें ही गुलज़ार दे दे |

मंज़िल तक तो अभी पहुंचा ही नहीं मैं अपनी,
उस से पहले ही क्यूँ छीन रही हो तुम साँसें मेरी?
माना कि मौत ही सत्य है तेरा ज़िंदगी,
पर फिर भी कुछ लम्हों का संसार दे दे |

32. ख्याल कर लेना

खुद के लिए तो तुम जिये जा रहे हो,
कभी दुनिया का भी ख्याल कर लेना,
ये ज़िंदगी केवल तुम्हारी नहीं ऐ दोस्त,
हैं तुमसे जुड़े अनेकों, ख्याल कर लेना ।

भर पेट भोजन खाते हो तुम खुद तो,
छप्पन भोग लगाते हो प्रभु को,
किसी भूखे की भूख का भी ख्याल कर लेना,
उन्हें जरूरत तुम्हारी, ख्याल कर लेना ।

शानोशौकत से जीते हो, लुटाते हो धन,
तुम वो सब खरीदते हो, जो चाहे है मन,
कहीं तड़पे है निर्धन भी, ख्याल कर लेना
ज़रा उसकी मदद भी हो, ख्याल कर लेना ।

महलों सा सजाया खुद का आशियाना,
संगेमरमर से बनाया अपना घराना,
सोते हैं कुछ सड़कों पर, ख्याल कर लेना
उन्हें आसरा मिल जाए, ख्याल कर लेना ।

करते हो अपमानित अपने मात पिता को,
त्यागते हो पल में अपने ही बेटे सुता को,
वृधाश्रम, वो अनाथालय, ख्याल कर लेना,
कभी तुम भी न चले जाओ, ख्याल कर लेना ।

तू छल कपट ही करे जा रहा है बंदे,
बस पाप के गल में बांधे हैं फंदे,
फल कर्म का मिलेगा, ख्याल कर लेना,
तू खुदा से न बचेगा, ख्याल कर लेना ।

अब भी समय है बाकी, बंद आँखें खोल ले,
क्या क्या कर रहा तू, मन को टटोल ले,
ये ज़िंदगी दो पल है, ख्याल कर लेना,
करना सफर सफ़ल है, ख्याल कर लेना ।

33. उलझनों का जाल

ज़िंदगी कुछ नहीं साहिब,
उलझनों का ताना बाना है,
एक उलझन सुलझती नहीं,
दूसरी का होता आना है |

इन उलझनों में उलझे,
इंसान बुनता रहता एक जाल,
इनको सुलझाते सुलझाते,
फँस जाता इस जाल में आप |

कभी उलझन किसी काम की,
कभी हो उलझन रिश्तों की,
कभी उलझन किसी आयाम की,
कभी उलझन पैसों की |

मस्तिष्क करता रहता है उधेड़बुन,
अपने ही विचारों का,
अंतर्मन के पंछी करते विचरण,
अंत नहीं है विकारों का |

वास्तविकता में यह जाल,
इंसान का ही बनाया है,
सीधी साधी सी ज़िंदगी को,
उसने आप उलझाया है |

34. ज़िंदगी एक गीत

ज़िंदगी एक गीत है गाने के लिए,
मुस्कुराकर पग बढ़ाने के लिए ।

इसकी न कोई सुर और ताल है,
गीत यह बड़ा ही कमाल है,
अपनी ही धुन में गाते जाओ,
न आएगा कोई सिखाने के लिए ।

गाओगे इसे जिस भावना से,
वैसी ही लय निकलेगी मन से,
हर एक स्वर को गाओ हृदय से,
ये नगमा है प्यारा गुनगुनाने के लिए ।

ये निर्भर है तुम पर इंसान,
कैसे गाओगे ये गुणगान,
हँसते, मुस्कुराते, झूमे, नाचे,
या केवल आँसू बहाने के लिए ।

आओ सब मिल जुलकर गाएँ,
गीत यह सबको ही सुनाएँ,
गीत प्रभु ने यह रचाया,
खुलकर हर पल मुस्कुराने के लिए ।

35. ज़िंदगी का पर्चा

ये ज़िंदगी क्या है आखिर ?
केवल एक परीक्षा,
परीक्षाओं से ही गुजरता है रहता,
यहां हर एक इंसान |

परीक्षार्थी तो है अनेक यहां,
हरेक को मिलता है एक पर्चा ,
जिसपर लिखता वो कर्मों का लेखा,
जोड़ जिसे बन जाता इक खाता |

अवधि भी तीन घंटे में होती पूरी,
पहली बचपन, दूजी जवानी, तीजी बुढ़ापे की घड़ी,
फिर फट जाता है वो पर्चा,
और सामने आता है सब के नतीजा |

चाहे कैसी ही मिली हो ज़िंदगी किसी को,
कर्मों से ही चलानी पड़े गाड़ी ये उसको,
चाहे चिंता से हो भरा, या बेफ़िक्री में गुज़रे ये जीवन,
अंतिम फल तो मिलता है सब को |

कोई हँसता यहां, कोई रोता यहां,
कोई गरीबी के बोझ तले है दबा,
कोई मयखाने में पीता है जाम,
पर अंतिम समय तो सबको जाना शमशान |

कोई आस लगाये ही रह जाता,
कोई बिन मांगे ही सब कुछ है पाता,
पल भर का है ये जीवन धाम,
पर हर कोई ये भूल है जाता |

कौन अपना और कौन पराया ?
हर किसी ने साथ गंवाया ,
साँस अंतिम जब आ जाये,
छूट जाये सब मोह माया |

पल भर की इस ज़िंदगी को,
ख़ुशी ख़ुशी तू जी ले इंसान,
पर्चे पर लिख कर्म तू अच्छे,
मत कर चिंता क्या होगा परिणाम |

36. हम सब हैं कठपुतलियाँ

जीवन रूपि रंगमंच की,
हम सब हैं कठपुतलियाँ,
थामी हैं ऊपरवाले ने,
इन हाथों की सुतलियाँ |

जैसा चाहे वो दे दे पात्र,
हमको निभाना पड़ता है,
उसके इशारों को समझे,
कदमों को बढ़ाना पड़ता है |

देह रूपि वस्त्र ओढ़ाकर,
धरती पर भेजे वो हमें,
मुक्ति पाने की ख़ातिर,
कर्म करने पड़ते हैं हमें |

हम खुद कठपुतली होकर भी,
कठपुतली नाच रचाते हैं,
तरह तरह के वस्त्र पहना,
उन कठपुतलियों को सजाते हैं |

है फ़र्क बस अब इतना सा,
पहले थे ये रंगमंच गाँव तक,
अब शहरों में भी हैं देखे जाते,
अंग्रेजी में ये 'लाइव शो' कहलाते |

कुछ भी हो, कैसा भी युग हो,
ये जीवन तो रंगमंच रहेगा,
कैसा भी आ जाए परिवर्तन
ये जग तो कठपुतली ही रहेगा |

दूजों को नाच नचाने से पहले,
खुद को समझो ऐ इंसान,
कठपुतली तो तुम खुद ही हो,
जिसे नचाये है भगवान |

हो शहर, भला हो कोई गाँव,
भँवर में डूबी है सबकी नाव,
खेल खेल में भूल न जाना,
जीवन है बस दो दिन का चाव |

37. जी चाहता है

आज को फिर से कल बनाने का जी चाहता है,
फिर से उन पलों को जीने का जी चाहता है ।

फिर से थाम लें हाथ माँ बाप का,
फिर से नाम लें हम किताब का,
फिर से झूल लें हम झूले सावन के,
फिर से बन जाएं भँवरे उपवन के ।

याद करें 'क', 'ख', 'ग' को फिर एक बार,
दो एकुम दो, दो दूनी चार,
फिर से खोलें टिफ़िन दिया माँ का स्कूल में,
फिर से तोड़ डालें जो भी मिले खिलौने ।

फिर से निकल पड़ें संग दोस्तों के बाहर,
फिर से कर लें मैले कपड़े अपने कुछ उनपे गिरा गिरा कर,
फिर से करें शरारत छुप छुप कर,
ताकि माँ की डाँट से रखें खुद को बचाकर ।

वो खिलौने, वो गुड़िया, वो चूर्ण की पूड़ियाँ ,
वो नानी के चेहरे की पुरानी सी झुर्रियाँ,
न दुनिया का डर था न रिश्तों के बंधन,
क्यों न आता लौट के वो बचपन ?

कभी कभी करता है मन कि खुदा से मांग लूं अपना बचपन,
चाहे एक पल के लिए ही सही, पर जी लूं मैं वो बचपन,
ज़िंदगी के थपेड़ों ने सिखा दिया जिम्मेवारी का बोझ क्या है,
ज़िंदगी के संघर्षों में आखिर मिला क्या है ?

काश ऐसा हो जाये के वो दिन बचपन के लौट आएँ,
ज़िंदगी की इन राहों में जब थक जाएँ,
तो फिर से कहीं उन बचपन के यादों में खो जाएँ,
फिर से खुले पंख फैलायें उड़ान भर पाएँ |

चलो फिर से चलें उन खोये हुए पलों में,
जिनसे मिलती है बस इक ख़ुशी ही हमें,
नजाने उन पलों को फिर से कब जी पाएंगे हम,
नहीं आता बीता हुआ पल ये भी तो जानते हैं हम |

38. दो पल की है ज़िंदगी

दो पल की है ये ज़िंदगी,
क्या करनी शिकायत किसी से,
नहीं मिलता ये जीवन बार बार,
क्या करनी बगावत किसी से |

इंसान तो गलतियों का है पुतला,
इक कठपुतली ईश्वर के हाथ की,
पतंग हैं हम तो इक उसी की बनाई हुई,
डोर जिसकी है उसी के हाथ में थमी |

खुद भी तो करते कितने गुनाह हम,
पर फिर भी करते हैं खुद को प्यार,
फिर क्यों इक गलती पे किसी की.
समझते हैं उसको हम गुनेहगार ?

जब अपनों से ही हो जाए मन मुटाव,
खुद के ही जीवन में आता है तनाव,
गैरों से तो झगड़ ले कोई भी,
पर अपनों के दिए नहीं भरते हैं घाव |

शिकायत करनी है तो हालात से करो,
जो बनते हैं कारण इस शिकायत का,
क्या दोष किसी को देना है,
है दोष तो केवल किस्मत का |

ज़िंदगी तो केवल जीना सिखाती है,
ये सुख दुःख तो दीया और बाती हैं,
मिटा दो मन से सब शिकवे अपने,
ज़िंदगी तो बस गम पीना सिखाती है |

39. नया रंग बिखराती है

ये ज़िंदगी रोज़ इक नया रंग बिखराती है,
ख़्वाब नए दिखलाती है,
सुबह आँख खुलते ही इक नई उम्मीद नज़र आए,
कभी सूरज ढलने तक हर आस बुझ जाए,
कभी तो लगता है कि आसान सी है हर राह इसकी,
कभी लगे कि हर डगर है मुश्किलों से भरी |

कभी लगे ये एक खिलौना,
कभी बने इक स्वप्न सलोना,
खुद अपने लफ़्ज़ों में उलझी,
खुद ही है ये एक पहेली,
खुद ही राह दिखाती है,
खुद ही बाधाएं लाती है |

रास्ते में बो जाती कांटे,
फूलों से महकाती राहें,
कभी गैर को अपना कर दे,
कभी करती अपनों को पराया,
अजब ज़िंदगी है ये यारों ,
नहीं समझ कोई है पाया |

जीना चाहो तो लगे कि बहुत कम है इसकी उमर,
उलझनें हों तो लम्बा लगता है इसका सफ़र,
रोज़ अपने परिवर्तन से,
नया अनुभव हमें कराती है,
अलग रंग हैं, ज़िंदगी के,
इन रंगों से दुनिया सबकी सजाती है |

40. ज़रा धीरे से कदम बढ़ा

ऐ ज़िंदगी ज़रा धीरे से कदम बढ़ा,
अभी बहुत सा काम मेरा बाकी पड़ा |

कुछ अपने रूठ गए,
कुछ सपने टूट गए,
कुछ साथी छूट गए,
कुछ आंसू सूख गए,
उन सबको वापिस देख सके,
मन मेरा बेचैन बड़ा |

कुछ कर्ज़ चुकाने हैं मुझको,
कुछ फ़र्ज़ निभाने हैं मुझको,
कुछ गीत सुनाने हैं मुझको,
कुछ ख़्वाब सजाने हैं मुझको,
उन कामों को करने को,
मन कबसे तैयार खड़ा |

कुछ रोते रोते बिलख रहे,
कुछ सुख और चैन से विमुख रहे,
कुछ रस्तों से भटक रहे,
कुछ केवल उलझन में पड़े,
उन सबको राह दिखाने को,
थोड़ा होना है मुझे कड़ा |

और कहूँ मैं क्या तुझसे?
छिपा नहीं कुछ भी तुझसे,
अर्ज़ यही है इक तुझसे,
कहना बस ये ही तुझसे,
धीरे से तू कदम बढ़ा,
काम बहुत बाकी है पड़ा |

41. ज़िंदगी का पेड़

ये पेड़ ज़िंदगी का,
अनमोल है बहुत ही,
तुम देखभाल इसकी,
करना हर पल खुद ही |

पोषण इसे मिलेगा,
जैसा तुम्हारे हाथों,
वैसा ही ये खिलेगा,
ये बात आजमालो |

सींचोगे प्रेम से जो,
मधुरिम सुमन खिलेंगे,
नफ़रत करी अगर तो,
कंटक ही फिर मिलेंगे |

इसके तने व शाखा,
मजबूत तब बनेंगी,
मजबूत अगर तुमको,
इसकी जड़ें दिखेंगी |

रखा जो हरित इसको,
होगा यहां बसेरा,
कलियाँ अगर खिलेंगी,
डालेंगे सब डेरा |

मौसम आए कैसा,
इसको यूँ ही रखना,
हर हाल में सिखाना,
इसको सदैव हँसना |

बैठो कभी ज़रा सा,
नज़दीक यहां आकर,
चाहत क्या है तेरी,
पूछो ये मुस्कुराकर |

ये पेड़ न साधारण,
जागती आत्मा है,
अद्भुत मिली विरासत,
तुमको ये सब पता है |

42. ज़िंदगी एक ख़्वाब

रोज़ हम एक ख़्वाब को जीते हैं,
नयन में अपने यह ख़्वाब बुनते हैं,
कभी कामना सुख की हम करते,
कभी झूले ख़ुशियों के झूलते हैं ।

कभी धन और दौलत का भंडार,
कभी गुलशन से खिलती बहार,
कभी दीयों से सजती महफ़िलें,
कभी चाहें अपनों का प्यार ।

कभी ऊँची उड़ानें हम भरते,
पंछियों के सम ऊँचा उड़ते,
कभी भँवरों के सम मँडराते,
तितली बनकर हँसते गाते ।

वास्तिवकता से भी अवगत हैं,
कि ख़्वाब देखना यह व्यर्थ है,
ज़िंदगी महज एक ख़्वाब ही है,
जिसका टूटना निश्चित है ।

फिर भी झूठे ख़्वाबों की दुनिया,
लगती हमें है एक हक़ीक़त,
नित नया ख़्वाब सजाते हैं,
खुद को खुद ही बहलाते हैं ।

43. ज़िंदगी का सच

किसी के चले जाने से नहीं रुकती है ये ज़िंदगी,
जीनी पड़ती हैं जितनी भी सांसें उस ख़ुदा ने दी,
न जाने क्यों बिता देते हैं गिले शिकवे में लोग ज़िंदगी को,
सोचते हैं उनके बिना न मिलेगी जीने की वजह किसी को |

जब तक हो बस में, रिश्तों को दिल से निभाना सीखो,
पर जहाँ सवाल हो अस्तित्व का, वहां न कभी तुम झुको,
हर गलती भूल सकता है इंसान शायद किसी की,
पर नहीं भूलते भरोसा गर तोड़े कोई अपना साथी |

अक्सर बीच राह में छोड़ देतें हैं साथ लोग हमारा,
पर बिन उनके क्या ज़िंदगी का नहीं होता गुज़ारा ?
दो, चार पल अश्क बहा लेता है हर कोई गम में उनके,
पर ज़िंदगी के कभी ख़त्म नहीं होते हैं रास्ते |

जीना पड़ता है खुद ज़िंदगी को अपनी हमें,
चाहे कोई साथ हो या न हो हमारे,
कब तक यादों में रहेंगे जीते किसी की,
खुद के ही बन जाओ बस तुम सहारे |

मानते हैं कि दिलों के जुड़ जाते हैं नाते अपनों से,
पर खत्म नहीं हो जाती ज़िंदगी जाने से उनके,
ये तो इक कड़वा सच है इस ज़िंदगी का,
जिसको अपनाना ही है अर्थ इस ज़िंदगी का |

44. ज़िंदगी का संघर्ष

हर कोई जूझ रहा है अपनी ज़िंदगी में,
किये जा रहा बस इक संघर्ष,
ज़रूरी नहीं कि हम इंसान ही लड़ते हैं मुश्किलों से अपनी,
हर बनाया हुआ अंश उस ख़ुदा का करता है इक संघर्ष |

सूरज करता संघर्ष रोशनी फैलाने की, अँधेरे को चीर कर ,
चाँद करता संघर्ष चांदनी बिखराने की बादलों में घिर कर ,
मकड़ी भी करती संघर्ष , घराना बनाती है गिर गिर कर,
पंछी नित करते संघर्ष , बुनते आशियाना तिनका चुन कर |

इक मज़दूर ढोता है बोझ मेहनत का, जीविका खातिर करे संघर्ष,
इक नेता खूब लगाए नारे, मत की खातिर करता संघर्ष,
शिक्षक शिक्षा देने को, शिक्षार्थी ज्ञान लेने को, दोनों करें संघर्ष,
राजा प्रजा को खुश रखे, हर पल करता रहता ये ही संघर्ष |

पुजारी भी भगवान के पूजन के लिए करता संघर्ष,
भक्त प्रभु के दर्शन पाने की खातिर करता संघर्ष,
नन्हा सा भ्रूण संसार में आने के लिए करता रहता संघर्ष,
पीड़ा सहकर माँ जन्म दे शिशू को, करती सबसे घोर संघर्ष |

पेड़ पौधे हर मौसम में करते संघर्ष खड़े रहने का,
पशु पक्षी भी यूँ ही करते संघर्ष जीने का,
दीपक की बाती करती संघर्ष रोशन रहने की हवाओं में,
मेघा की बूँदें करती संघर्ष घन घन घोर घटाओं में |

ज़िंदगी तो नाम ही है संघर्षों का,
हर मोड़ पर है यहां इक नया संघर्ष ,
कोई चाहे कितना भी हो जाये सफल,
किये जाता है बस इक संघर्ष |

45. उबलते दूध के सम जीवन

तुमने देखा है कभी दूध को उबलते?
पास खड़े रहना पड़ता है उसके,
ज़रा सा जो किया अनदेखा,
निकल कर बाहर आ जाए झट से |

खुद को फिर हम सब हैं कोसते,
क्यों चूक ऐसी कर बैठे,
ध्यान अगर थोड़ा भी रहता,
इतनी हानि कभी न सहते |

जीवन भी यह ऐसा लगता,
ध्यानपूर्वक जीना पड़ता,
ज्यूँ हो ध्यान ज़रा सा खंडित,
जीवन हो जाता परिवर्तित |

कभी कभी दुर्घटना घटती,
जिसमें होती अपनी गलती,
उस गलती के कारण हर पल,
जिह्वा हमको कोसे रहती |

अपशगुन वक़्त वह कहलाता है,
जब दूध निकल यूँ जाता है,
ऐसे ही जीवन के उस पल में,
किस्मत को कोसा जाता है |

ज़रा सोचो, और समझो यह भेद,
जीवन का अंदाज़ विशेष,
पग पग धरना पड़े ध्यान से,
बच सकते हम गूढ़ ज्ञान से |

46. ज़िंदगी क्या कर जाएगी

ठहरी डगर को घुमा कर तो देख,
फिर देख तेरी ज़िंदगी खुद ही घूम जाएगी ।

उजड़े शहर को बसा कर तो देख,
फिर देख तेरी ज़िंदगी खुद ही बस जाएगी ।

पिछले गमों को भुला कर तो देख,
फिर देख तेरी ज़िंदगी खुद ही हर गम भुलाएगी ।

बादलों को फिर से बुला कर तो देख,
फिर देख तेरी ज़िंदगी खुद ही मेघा बरसाएगी ।

भूखे बशर को कुछ खिला कर तो देख,
फिर देख तेरी ज़िंदगी खुद ही तेरी भूख मिटाएगी ।

किसी प्यासे को पानी पिला कर तो देख,
फिर देख तेरी ज़िंदगी खुद ही तेरी प्यास बुझाएगी ।

प्यार की इक ज्योत मन में जगा कर तो देख,
फिर देख तेरी ज़िंदगी खुद ही प्यार बिखराएगी ।

रूकती हुई किश्ती को जरा चला कर तो देख,
फिर देख तेरी ज़िंदगी खुद ही नैया पार लगाएगी ।

होंसले अपने टूटे फिर से जगा कर तो देख,
फिर देख तेरी ज़िंदगी खुद ही होंसले तेरे बढ़ाएगी ।

रुके हुए क़दमों को बढ़ा कर तो देख,
फिर देख तेरी ज़िंदगी खुद ही आगे बढती जाएगी ।

किसी की महफिलों में दीया जला कर तो देख,
फिर देख तेरी ज़िंदगी खुद ही उजाला ले आएगी ।

किसी बंजर भूमि में बीज उगा कर तो देख,
फिर देख तेरी ज़िंदगी खुद ही हरियाली लाएगी ।

मेहनत का इक औज़ार अपना कर तो देख,
फिर देख तेरी ज़िंदगी खुद ही आराम दिलाएगी ।

काँटों को भी अपना कर तो देख,
फिर देख तेरी ज़िंदगी खुद ही गुलिस्ताँ बन जाएगी ।

मौत का खौफ़ मन से भगा कर तो देख,
फिर देख तेरी ज़िंदगी कैसे जीना सिखाएगी ।

ज़िंदगी को इक बार अपना कर तो देख,
फिर देख तेरी ज़िंदगी कैसे तुझे अपनाएगी ।

47. ज़िंदगी का रुख

नजाने ज़िंदगी क्यों उसी मोड़ पर ले आती है,
हर चीज़ फिर बिखरी हुई सी नज़र आती है,
पर जब भी आती है याद उस ख़ुदा की,
फिर से मेरी सोच बदल जाती है,
और ये ज़िंदगी फिर से भाती है |

कोशिश तो बहुत की कि मैं खुद को बदल दूँ,
बेरुखी और स्वार्थ को अपना लूँ ,
पर क्यों स्थिति ऐसी बन जाती है,
कि खुद को बदलने से पहले ही,
मन को इक ठेस सी लग जाती है |

ख़ुदा तेरी दुनिया में क्यों इतना दर्द और गम है ?
जिसे देखकर आत्मा भी घबराती है,
पर जब लगता है कि तू तो यहीं भीतर है मेरे,
तो मन में कड़वाहट भी नहीं भर पाती है,
और ज़िंदगी फिर खूबसूरत नज़र आती है |

दुनिया के हर कोने में धोखा नज़र आता है,
हर इक शख़्स बस पराया नज़र आता है,
पर फूलों के साथ देखती हूँ काँटों को जब,
तब हर चीज़ कोमल सी नज़र आती है,
मन में जीने की फिर से इक चाह जगाती है |

ऐ प्रभु ! तूने तो सब को एक ही नज़रिये से बनाया है,
हर चीज़ को खुद अपने हाथों से सजाया है,
फिर क्यों यहां आकर सब की नियत बदल जाती है ?
स्वार्थ और असत्यता ही सब को भाती है,
ये पीड़ा क्यों इतनी सताती है ?

तेरी ही बनाई इस दुनिया में सोचना पड़ता है हमें,
कि किस और बढ़ाएं कदम अपने,
किस दिशा में चलना है हमें,
ये ज़िंदगी फिर भी नहीँ रुक पाती है,
हर मोड़ पे ये इक नया मोड़ लती है |

48. लम्हे

पल, पल जोड़े बनते लम्हे,
लम्हे बन जाते हैं यादें ,
जीवन आगे बढ़ता जाता,
ये पल लेकिन ताज़ा रहते ।

कोई लम्हा छोटा होता,
लगता है कोई बहुत बड़ा,
जितना भी होता लेकिन ये,
यादें खुद में कई सँजोता ।

तन्हाई में बैठे रहते,
साथ नहीं अपने जब होते,
इन लम्हों को याद करे ही,
कितने ही पल ताजा होते ।

पल कोई बस दर्द दिलाता,
कोई पल खुशियाँ ले आता,
हर इक पल है अनुपम खुद में,
सबक नया सबको सिखलाता ।

जो भी हों पल पास तुम्हारे,
उनमें खुशियाँ खोजो सारे,
देखोगे फिर इन लम्हों से,
कैसे बनते दिन सब प्यारे ।

49. रेत के सम ज़िंदगी

ये ज़िंदगी रेत के सम लगती,
एक ही पल में हाथों से फिसलती,
छोटे बड़े ज्यूँ कंकर रेत के,
ऐसे ही होते पल जीवन के |

ख़ामोश सा रेत पड़ा रहता ज्यूँ जर्मीं पर,
ऐसे ही ज़िंदगी रहती चुप हर पल,
नाम लिखे जो रेतीली परत पर,
नीर मिटा दे उसको आकर,
ऐसे ही जीवन की बेला,
मिट जाता है, हर इक अवसर |

इसी रेत के बीच हैं रहते,
कितने ही जीव और जानवर,
सीप, शंख भी हैं मिल जाते,
इसी रेत के ही भीतर,
जीवन भी यह है ऐसा ही,
सब कुछ मिश्रित इसके अंदर |

डॉ. सोनिया गुप्ता

रेत भले ही लगे खुरदरा ,
सबको फिर भी भाता है,
ऐसे ही जीवन रेतीला,
हर जन को हर्षाता है,
प्रवाह भले कैसा आ जाए,
ये भीतर उसे समाता है |

50. ज़िंदगी की डायरी

तुम लिखोगे क्या?
ज़िंदगी की डायरी,
हर पन्ने में लिखना,
केवल सत्य ही ।

रोज़ तुमने जो देखा,
रोज़ तुमने जो सीखा,
लिख डालो सभी,
पर हाँ, लिखना सही ।

ख़्वाहिशें तुम लिखो,
ख़्वाब सारे लिखो,
पूरा उनको करोगे,
तुम लिखो ये भी ।

गलतियां जो भी की,
उपलब्धियां जो भी की,
क्या मिला है तुम्हें ?
क्या है खोया कभी ।

परखना फिर इसे,
फिर से पढ़ना इसे,
कैसी लगती है तुमको,
ये मिली ज़िंदगी ।

डॉ. सोनिया गुप्ता

अगर आयी समझ,
पन्ने लेना पलट,
और लिखना तुम
फिर से नई डायरी |

ज़िंदगी गुलज़ार है

काव्य संग्रह

डॉ. सोनिया गुप्ता